Für meine Enkelin und alle Kinder auf Erden von PapiTili.
T. L.

Für Lucie, Manon und alle Erdenkinder.
S. M.

Dieses Buch erscheint im Rahmen des Förderprogramms des Institut français.

MAMA, PAPA, WER WAR VOR MIR DA?
Thierry Lenain (Text), Stéphanie Marchal (Illustration)
© 2021 Schaltzeit Verlag, Berlin
Übersetzung: Andreas Illmann
Satz: Torsten Lemme
Druck: Grafisches Centrum Cuno, Calbe
Gedruckt in Deutschland
ISBN: 978-3-946972-50-1

Französischsprachige Originalversion:
Maman, Papa, il y avait qui avant moi?
© Flammarion, 2020
Éditions Flammarion – 87, quai Panhard-et-Levassor – 75647 Paris Cedex 13
ISBN: 978-2081469174 – N° d'édition: L.01EJDN001692.N001
Dépôt légal: février 2020

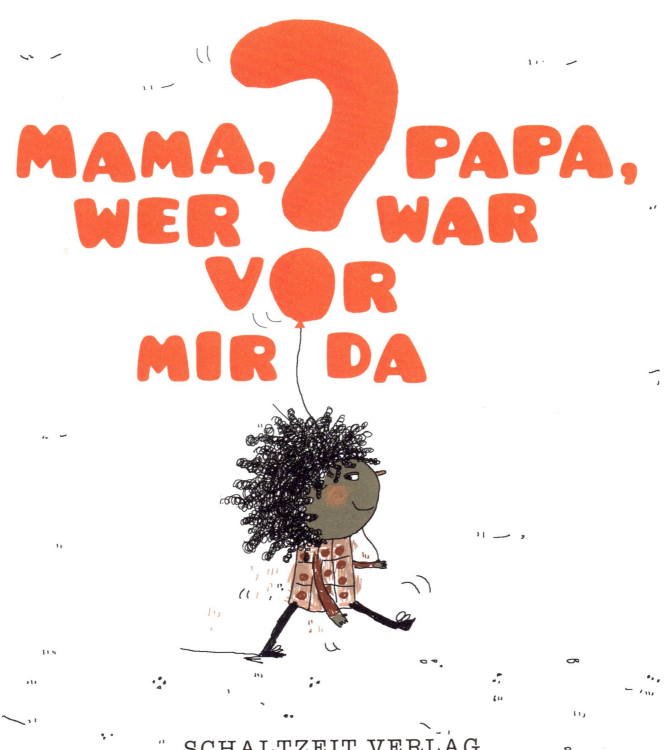

– Papa! Mama!
– Ja, Sophia.
– Wer war eigentlich vor mir da auf der Welt?

– Vor dir? Nun, zunächst mal wir:
deine Mama und dein Papa.
Noch ohne dich.

– Und davor? Wen gab es da?
– Deine Oma und deinen Opa.
  Schon als sie ganz klein waren, kannten sich die beiden.
  Omi und Opi gingen nämlich in die gleiche Klasse.

– Und vor Omi und Opi, wen gab es da?
– Davor gab es deine weiteren Vorfahren. Deine Ur...Omas und Ur...Opas. Eine deiner Ur...Omas wurde in Afrika geboren. Damals gab es noch die Sklaverei und sie wurde deshalb mit einem Schiff nach Amerika gebracht.

– Und vor ihr, wen gab es da?
– Davor gab es noch weitere Urur…Omas und Urur…Opas,
  das war noch im Mittelalter zur Zeit der Schlösser und Burgen.
  Vielleicht war einer deiner Urur…Opas ein Bauer
  oder gar ein waschechter Ritter.

– Und noch früher, also vor meinem Urur...Opa Bauer oder Ritter?
  Wen gab es da?
– Vor ihm gab es noch weitere Ururur...Opas und Ururur...Omas.
  Sie lebten zur Zeit der alten Ägypter.
  Die haben die Pyramiden gebaut.
  Vielleicht war eine von ihnen sogar eine Königin
  oder eine ihrer Dienerinnen.

– Und vor meiner Ururur ... Oma Königin oder Dienerin, wen gab es da?
– Vor ihr gab es noch weitere Urururur ... Omas und Urururur ... Opas.
Das war zu der Zeit, als die Menschen zu schreiben begannen.
Wer weiß, vielleicht haben sogar sie die Buchstaben erfunden!

– Und vor ihnen, die vielleicht die Buchstaben erfunden haben.
Wen gab es da?
– Sehr, sehr, sehr lange vor ihnen gab es die Urururur... Omas
und Urururur... Opas, die in Höhlen gelebt haben.
Sie haben die Höhlenmalerei erfunden.

– Wie toll! Und vor ihnen, wen gab es da?
– Vor ihnen gab es keine Menschen auf der Erde.
  Es gab nur wenig trockenes Land, dafür sehr viel Wasser:
  einen riesengroßen Ozean mit Tieren und Pflanzen darin.

– Wow! Und vor dem riesigen Ozean, was gab es da?
– Ganz zu Beginn vor alledem?
  Da gab es ein enormes schwarzes Loch,
  aber niemand weiß so genau, was da drin war.
– Hey ... Moment mal.
  Ich weiß genau, was da drin war!
– Ach ja? Was denn Sophia?

– **Ich** natürlich!

– Du?! Also das hätten wir uns ja eigentlich denken können!

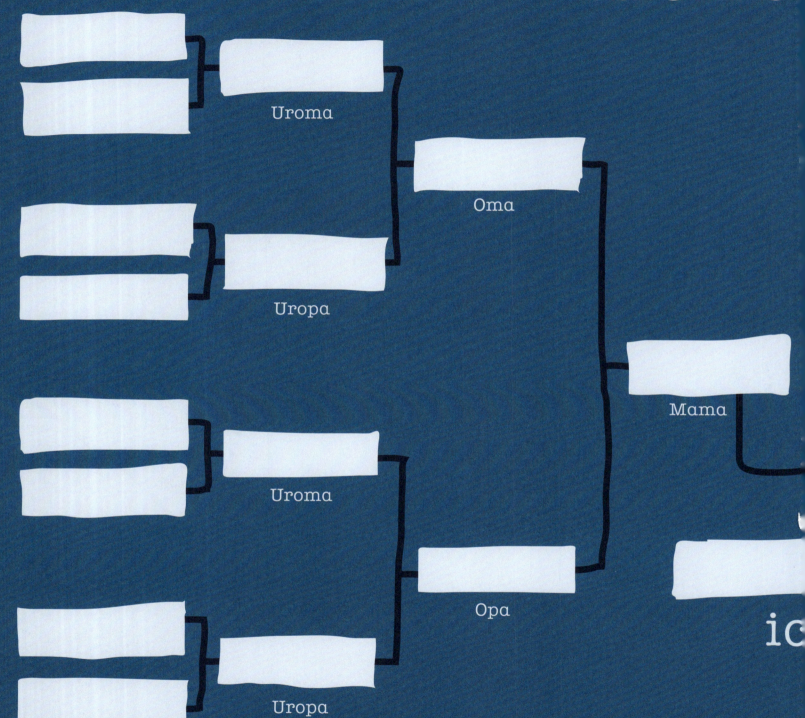